누워서 피는 꽃

도정 스님

대한불교조계종 승려
하동 쌍계사에서 원정스님을 은사로 출가
양산 통도사에서 고산 큰스님으로부터 비구계 수지
첫 시집 〈정녕, 꿈이기에 사랑을 다 하였습니다〉
현대불교문인협회 회원
경남시인협회 회원

도반의 詩 004

누워서 피는 꽃

도정 스님 詩集

도서출판 도반

시인의 말

　제게 있어서 시를 쓴다는 것은 끊임없이 자신의 존재를 확인하는 일이며, 일체 세계와의 공감을 자아내는 일입니다.
　자신의 상(想) 속에 대상의 의미를 가둬 두거나 관념으로 대상을 억압하는 것이 아니라 따뜻한 시선으로 바라보며 포옹하는 일입니다.
　그래서 시작(詩作)은 늘 겸손을 배우는 일입니다.

　수행은 누군가를 가르치는 일이 아닌 일체 세계로부터 배움의 길을 가는 것이겠습니다.
　이 배움은 대상을 나와 다름없는 대상으로 받아들이는 일입니다.
　세계는 수용과 사랑의 대상일 수 밖에 없는 것이지요.
　그런면에서 이번 시집 〈누워서 피는 꽃〉이 제 자신에게 위로가 됩니다.

　저와 인연지어진 모든 이들께 평소의 인사말로 감사의 말씀을 전합니다

　"늘 평안하소서."

차례

1. 님이 오시나

3. 할매의 상사화

1

님이 오시나

누워서 피는 꽃

누워서 피는 꽃이 있었다지요
전지 쳐 버려진 배나무 가지에
밤새 봄비가 촉촉이 내려
이화(梨花)가 피었다지요

그 꽃
품고 누워
울다 울다
하 세월 기다리던
그대인 줄 또 몰랐습니다

이별 뒤에

버려야 할 것들 주섬 모아 드렸던
전생들이 애달픕니다

미안합니다

맞잡은 손이 따뜻하다 말해 준 당신,

헤어지며 내 야윈 기억에 새겨질
그대의 뜨거운 눈물이

참으로 고맙게도
미리 내게 닿았던 탓일 겁니다

겨울비는 내리고

생명줄 위를 타는
나와 그대

다름없는 밤을
꼭 안고 지샐까요?

오는 소리
가는 소리

빗방울마다
생명이 오고
생명이 또 갑니다

바람은
아침이 오지 않아도
후회 없는 것이지요.

봄이 왔다 가는 건

사는 게 서글퍼서
봄은 어느새 왔다
몰래 가는 것이니

남도의 정월 매화 다 피고
휘파람새 밤 새워 웁니다

나는, 또
몇 번의 당신을 맞이하고 보내야
서글퍼서 살게 될까요

귀신처럼

천지 매화꽃을 두고
귀신처럼 왔다가 간 게 지난밤 눈보라뿐이었겠어요

이제 매화가 지고 나면
귀신의 방문처럼
달빛에 벚꽃이 피고
진달래는 산마다 피로 물들이겠지요

나는 이미 목이 잘려 뒹구는
남도 섬의 아가씨 동백도 귓전으로 밟았었지요
그리고 가기 싫은 봄 향기를
눈물로 지우며
넘지 말라고 써 놓은
절벽 난간도 기웃거렸습니다

지난밤 사랑도 홀린 게 분명하지요
아침 햇살에 사라진 그 자취를
다시 찾지 않아도 좋겠습니다

가슴에 뚝뚝 끊어 누인 그대의 향기가
물결치며 영영 남을 테니까요

님이 오시나

뉘 부르는 소리인 양
깊은 밤
적적으로
봄비는 내리고

불현듯 깨어
덧문 열자니
부뚜막 위에서 몸 데우던
길고양이 한 마리
자취를 숨깁니다

너는
잠결에
나를 보고
놀랐구나

나는
꿈결에 놀라
물안개 자욱한 동구 밖
님의 발자국 소리 찾는데......,

낙엽을 쓸며

인연이 다한 것이지요
눈물도 없네요

아쉬움 풀고 떨어지는
현생과
현생들

법당 마당에서
적멸입니다

서릿바람은
겨울 몰고

인연의 기억들은
가차 없이 굴러갑니다

바삭거리는
전생이 남긴
아픔들

쓸고
쓸어서

나의 몫으로
불 지를 일만 남았습니다

사랑니

길고 긴 밤 사랑니가 아려서
진통제 한 알로 밤을 지납니다
성급한 마음에 돌을 씹고서
치근까지 금이 갔습니다

부서진 그리움으로 무방비인 채
잊을 만하면 불쑥불쑥 일깨우는 상처의 기억을
그대는 일생의 통증으로 안고 살지는 않을까
혼자 걱정을 합니다

산골(散骨)

고요가 내리고요
자지러지는 고요 타고
산그늘 아래 낮잠 좋다시던 아버지
산그늘 따라 훨훨 날으시네요

지의(紙衣)같은 가벼운 춤으로
혼령은 타는 것인지
너울거리며 가슴에 남는 것인지

눈물 가득한 골짜기 떠도네요
황달 걸린 병풍 너머
한철 꿈이 떠도네요

잊으려도, 잊으려도 다시 부는
온몸에 돋는 아픈 젖멍울이야
부푼 젖멍울 깨무는 봄의 신열이야

산골한 아버지 꽃을 찾아 날으시네요
너울너울 바람 타고 옮아가시다
꽃술마다 야윈 몸 벗고
다 안아 보시네요

은성이 자전거 타기

시골 마을 차 없는 신작로를 은성이가 자전거를
타고 쌩-하니 달려갔다 달려옵니다 엊그제 할머
니 등에 업혀 와 법당에서 오줌을 싸고 울더니,
이제는 햇발을 갓 배운 자전거 살에 싣고 법륜을
굴립니다 코스모스 가득한 화엄세계 지날 때 논
두렁 따라 밝고 건강한 웃음이 영글어 갑니다 멀
찌감치 지켜보던 일주일에 한 번 보는 엄마도 하
늘가 저무는 해가 아쉬울 뿐입니다

비와 그대

이 밤, 비를 안고 가세요
젖을 것은 젖도록 그냥 두어요
지나간 것은 지난 일들로
오는 것은 오는 것대로

아플 것도 없이
그저 담담한 미소로
그리움이면 생이 족하다고
그대 입술에 새기고 싶습니다

가슴에 해저로 가는
터널 하나씩은 있어도 좋아요
사랑 때문에 부디
그대는 아프지 마세요
심연을 통과한 인연으로
두 손 맞잡았으면 충분합니다

비는 쏟아지고
나는 섬의 상공을 배회하는
한 마리
날개 젖은 새라도 좋습니다

생인손 앓던 시절

금덩이보다 귀한 손주
생인손 앓는 손가락 거머쥐고
쉰 김치 입으로 빨아서는
눈물 적시며 돌돌 감아 주셨지

며느리 저승 보내고
병원 갈 돈이 없어서
손주 울음 밤마다
대신 우셨지

서울 간 애비 소식처럼
사립문에 밤새도록
바람이 걸리고

호롱 속 동백기름만
손주 달래는 시름에
부엉부엉
다 말랐지

26

동해의 밤을 보내며

동해의 넓은 등짝 당기며
파도가 어둠 속에서 해안선을 쓸어내립니다
수온이 따뜻하게 그대에게 들었습니다

나는 집어등 환히 밝히고
바다의 펄떡거리는 아픔을 건져 줍니다

달의 길이 끊겨도
잃을 것 내려놓은 해안도로의 숲은
전생의 못다 한 말들로
밤바다와 가슴을 나눕니다

이제,
오늘 밤보다 두려울
사랑이
어둠 속에서 풋 익을 것입니다

아침이 오면
그 시그러운 해를
우리는 몰래 삼키고 돌아가야만 합니다

소나기 한때

얼마 만인지
기억 가물거리던 비가
오락가락
위태롭게 쏟아졌습니다

뜨겁던 지열
얼쿠나,
반 열린 덧문으로 몰려듭니다

뒤따른 물 냄새
축축이 몸에 감기더니
곧 멈추기에

아쉬워서
흘긴 시선
삐죽
밖으로 냈더니

우릉....
우릉....
우르릉....

하늘가 먹구름,
저 멀리 도망가던
검둥꼬리 새끼들
돌아보며 날 짖던 흉내입니다

부추 꽃

살짝 쥐어 주고 달아난
별 하나가
반짝입니다

눈을 마주하며
살피지 않으면
알 수 없는 설렘이
피었습니다

낮 꿈처럼
잊기 쉬운 모습으로
핀
부추 꽃,

설령
한 방울의 눈물조차
그 여린 꽃잎 위에는
얹으려 마세요

나의 텃밭은

풀벌레도

조심스럽습니다

초겨울 아침

삐거덕대는 철문을 열자
달려드는 건너마을
허연 서릿벌

내 나이는 너무 젊어
또는
너무 꼿꼿한

해는
거기에 이성이 살아서
벌겋게 뜹니다

밤을 다 보내고
신 아침 한기 먹은
가벼운 두통과

슬금슬금
기어오르다
허기에 멈추었다
가는 몸뚱이 열감

뜨거워진
아침은
소리 없이
내 안에 서는데

몸이
먼저 알고
내게 인사를 건넨 게지요

개똥의 단맛

개똥도 약에 쓴다고요?
그건 쓰겠지요

개똥에도 꿀이 있습니다
개똥밭에 굴러도 이승이 나은 것이
아마도
개똥에도 꿀이 들어 있어서 그럴 겁니다

도랑가 콩밭 따라
한 뼘 빈터 비집고 자란
개똥참외
그 맛 때문일 겁니다

경월소주

유물처럼 발견한
경월(鏡月)소주 유리 됫병,

옛집을 지키며
30년은 족히 넘었을
흙때를 씻어내니
달처럼 환합니다

상쾌한 맛!
경월소주

휘영청 밝은 달이
거울 된
경월(鏡月)로
주거니 받거니
정을 따르던 사람들은
첫사랑처럼 가슴이 뜨거웠겠지요

한 시절 보내며
참 상쾌하였을 것입니다

송아지 동요와 한계점

영주에서 울진 가는 36번 국도
평화 법전(法田) 쓰여 있는 돌탑 지날 때
화물차에 실려 가는 송아지를 보았지요

법전 마을 강 씨 종가 이정표 따라 들어
묏등처럼 부푼 종부 젖가슴 쿡쿡 들이받으며
응석 젖이 먹고 싶었어요
송아지 동요 부르며 울고 싶었어요

백암온천보다 뜨거운 곳에
지친 몸 뿌리를 잠시 내렸다가
가을걷이 끝낸 논배미에 서서
높다란 하늘에 해설픈 울음마저 쏟아내고서
하염없는 바다를 건너고 싶었어요

80킬로 속도를 가리키는 팻말과
천천히 라고 쓰여 있는 삼각형 팻말과
사고다발 지점을 지나
노루재를 겨우 넘을 때

정해진 최고 속도에
아픈 만큼 오래 기억되는
고만고만한 인생의 짧음이 겹치면서
우왕우왕 갈피없이 또 슬펐지요

사는 동안
도착지를 염두에 두지 않는
심중의 한계점 탓이었어요

셈을 치르다

늦가을은 엷은 속내가 부끄러워
도토리로 셈을 시작했습니다

한 해 농사를 들여다보며
주판알을 퉁깁니다

꿀밤나무 가지마다 속이 상했습니다
이것저것 계산해도 남는 것이 없는지
지붕 위에 꿀밤을 꽁꽁 먹입니다

밤새 겨울 부르는 비가 내리고
북서풍이 불더니
아침 시멘트 마당에는
셈 끝낸
내 아픈 것들이
몸통이 갈라 터져 뒹굽니다

말(言)의 고민

져버린 것이 낙엽이던가
겨울나무 아래에서 더듬어 봅니다

우리에게
허영과 가식들을 벗기면
무엇이 남을까요

바람난 철없는 아내를 용인하듯
살을 맞대며
끌어안고
울고 웃습니다

장마

정중(頂中)으로 읽으며 오는 비의 세상, 어둠의 뚜껑
을 열고 찬 허공에 국숫발 씻는 날입니다 꿀꺽꿀꺽
계곡이 내려갔습니다 보는 것이 흐려지면서 소리의
형태가 살아납니다 심실(心室)이 으슬으슬해졌습니
다 고요는 한번도 고요인 적이 없었습니다 비는 고
요의 이름을 뒤적거리며 밤길을 쏘다닙니다 지친 마
을에 들어 비로소 알았겠지요 세사(世事)를 적시는
노릇이 별게 없지만 마음은 녹록지 않습니다 흙물
속이 한 번씩 휘저어지고 계곡이 파이면서 소리가
더 깊어졌습니다

2

찔레꽃 낙화

눈 내리던 날

바람은 고요하고
눈은 참, 잘도 왔습니다

여윈 가지마다
눈 똥 떨구던 새들
마당에 서성이던 발자국
모두 지워졌지요

고요에 잠긴 숲 속을
딱따구리가
맑은 목탁소리처럼
또닥, 또닥,
울렸습니다

잘근 눈이 틈도 없이
잘도 내리고

푸른 솔 훤칠한 금강송도
흰 눈을 흠뻑 뒤집어썼습니다

옛집의 늙은 활엽수
곱아터진 손마디에
덩이 눈이
툭, 툭,
떨어지고요

부려 놓은 땔감 위에도
양지쪽 묏등 위에도
소복 눈이 내려

내 아궁이 속은
벌겋게 불이 붙었는데

눈은 어느새
참, 잘도
쌓였습니다

열대야 넘는 소릿날

뜨거운 몸에, 옷에 척척 감기고
선풍기는 늙은 목을 떨었습니다
비닐장판에 엉덩이가 쭉 미끄러집니다

목침을 집어던지고 달을 보러 나섰습니다
등줄기에 착 달라붙는 도로의 열기는
굴레에 갇히는 한때도 있음을 각인시킵니다

다른 계절로 넘어가는 녀석들만 아랑곳없이
신명나게 한바탕 놀 작정입니다

풀숲에 목젖을 대고
쓰르륵......, 사르륵......,
소릿날을 가다듬습니다

아침 풍경

끝물 고추가 한바탕 더 열리려나 봅니다 이른 아침 마당이 제법 서늘합니다 빨갛게 익은 놈들도 아직 다 안 땄건만 고추 꽃이 또다시 만발입니다 키만 홀쩍 커서 싱거울라나, 바람 불면 쓰러질까나 했더니 뒤늦게 튼실한 고추를 주렁주렁 달고 또 애를 뱁니다 밤새 내린 이슬이 여린 고추 끝에 맺혔습니다 그 곁에 심어 둔 가지는 덜렁덜렁 다 자랐습니다 오이 넝쿨에는 씨오이가 가을 햇살에 못 이겨 땅바닥까지 축 늘어졌습니다 담 밑에 봉선화는 뭐가 그리 우스운지 저 혼자 씨방을 터뜨립니다 남은 꽃잎만 가지고도 속곳까지 물이 들겠습니다

강릉항 방파제에서

잠 못 드는 등대를 찾아 말도 못하고 오래도록 안아
주었습니다 사납던 동해가 해면(海面)에 달빛을 베
풀었습니다 어선 한 척, 제 몸에 집어등 밝히며 방파
제를 미끄러져 나갔습니다 물결은 배보다 늘 한 발
뒤늦게 따릅니다 내 안에 만파수(萬波水)도 뒤따라
일렁입니다 젖어 오는 물안개 속에서 밤을 지새울
때 바람의 머릿결이 등대에 감깁니다 등대의 불빛은
지난 사랑의 가물거리던 미소 덕분에 야속함이 이내
애달파졌습니다 밤이 새자 바다는 신열(身熱)로 돌
아눕습니다 지난 밤, 방파제 어둠 속으로 한 여인이
울며 울며 홀로 걸었던 탓입니다

함박눈

세상이 하얗게 된 것은
하늘을 뒤집어 놓은 덕분이라고

한 번쯤
뒤집어 놓고 보면
속 것은 희다고

무명(無明) 장막이

아래
땅에서

함박눈으로
뿌드득
뿌드득
밝아 왔습니다

찔레꽃 낙화

이미 다 지고 없는 지난날 정겹던 그대의 웃음소리
때문에 이 새벽녘 속절없이 앉아 비닐장판이 눅눅
해지는 것은 도리가 없습니다 마른장마가 속을 태
우더니 지난밤부터 쏟아지기 시작했습니다 내 사주
에 목(木)이 많다더니 그래서 그 동안 눈물이 많이
도 필요했었나 봅니다 보고픈 마음이 흘러 흘러도
가 닿을 수가 없었나 봅니다 이제 한 보름동안 어여
쁜 꽃 웃음들이 다 지게 생겼습니다

가을볕에서

시집갈 누이가 섰는 양

뜰 안 수국은 여태 볼이 붉더니

두 근 남짓도 풍요로운

땡초 고추 널어 두고

따가운 가을볕에

나도 앉아 붉어지다

생강나무 꽃차

뜨겁게 가둬 둔 봉인을 푸는 열쇠는
역시 뜨거움이었습니다

태풍이 지나간 새벽
뜨거운 물을 부어
생강나무 꽃향기를 우려냈지요

덖고 말리고 덖고 말리며 잡아 두었던 향과 맛,
아홉 번을 덖었다는 녹차도 조금 넣었어요
봄의 일부분이 내 안에 활짝 풀려났지요

늘 바라던 결과일 수는 없지만
뜨거운 사랑 앞에 열리지 않을 것은 없다고 믿지요

딱따구리 사방찬(四方讚)

사시(巳時)올시다

먼저 나와 계셨구려
도량에는 원래
티끌 하나 없다잖소

아, 당신은
그렇게 나무를 쪼으시오
나는 목탁을 칠 터이니

골수가 녹아내리고
뼈마디가 무너집시다

가서는 오지 않겠다니요

가고 다시 안 온다는
그 말은 차마 못하겠습니다

부끄러움도 모르는 색색(色色) 얼굴의
아주 가신다는 말을 듣고 싶지 않아
새로운 계절은 오는 것이니
지천(地天)에 온 적도 없다는 말을
그리 잘하십니까

길을 막듯 안고서 고백하리니
아니 오지는 못 하겠습니다
버린다는 말도 거두어 드리겠습니다

소사(素姿)의 천녀(天女)들이
에밀거리며 에밀거리며*
내 야윈 정원에 내리면
상사화가 해바라기가 코스모스가 맨드라미가 복수초가
국화가 마주송이가 달개비 꽃이……
고뇌(苦惱)였노라고
고뇌의 생명이라고
감히 말하지 못하는 마음으로

무공저(無孔笛)에 휘휘 삭풍의 구멍을 내고
그 영겁윤회(永劫輪廻)의 노랫가락을 배우리니

나를 드시어도
오래오래 입에 넣어 두셔도
무(無) 맛도 아니 나서는
다시 온다는 말도
헛된 일구(一句)이거니와
다시 오지 않겠다는
그 말을 차마 하시겠습니까

* '에밀거리며'는 '에밀레 종소리처럼'의 다른 표현이다.

말은

말은 이미 뱉어졌습니다
다시 되돌아오지 못합니다
그대에게서 썩어져야만 합니다

그대에게서 썩어 가는 내 말이여!

오, 그대는 또
얼마나 썩어야 하는 것입니까

마음과 삼색(三色) 사탕

손 마주잡고 물어볼게요
당신은
내생(來生)을 사는 맛,
어떠신가요

나는 없는 마음도 끄집어내어
맛을 봅니다

때로는 단맛도 무미(無味)하며
즐겁고 상쾌도 하거니와
못내 서럽기도 합니다

삼색(三色) 사탕을 쥔 아이처럼
한 입에 세 가지 맛이 납니다

살아 있구나 하고
갖다 붙이기를 합니다.

고드름

대한 지나
한파 닥친 저녁

군불 연기 밴 승복 한 벌
찬물에 빨아 널었더니

한적한 산사
법당 앞 석등에
서슬 난 바람이 일고

화두 창끝이
승복을 비집고 나와

젊은 중의
심장을 겨눕니다

인생이 뭐냐시니

말만 잡으려는 일이
밤을 넘어섭니다

밤벌레 소리도 애처로워
쌓인 것이
여러 되를 넘겨
말을 채우고도 남습니다

새벽이 지나고
아침 안개가 걷히면
무량수경이 햇볕을 읽도록
문을 열어둬야겠습니다

스님, 어디 가세요

소한을 넘기며
늙은 산속 집에
눈이 푹푹 내려 쌓이고
눈발은 자꾸 굵어졌지요

지팡이 짚고 가는
눈 쌓인 오솔길에서
누군가 자꾸 묻습니다

스님, 어디 가세요
쌀 얻으러 가지요

스님, 어디 가세요
김치 좀 얻으러 가지요

스님, 어디 가세요
국수 몇 다발 얻으러 가지요

스님, 어디 가세요
된장이랑 고추장이 떨어져서 가지요

......,

늙은 집이 묻고
헐벗은 겨울나무가 묻고
얼어붙은 바위가 묻고
산짐승이 지나다 묻고
얼음장을 덮어쓴 계곡물이 따라오며 묻기에

끊어질 듯
나무다리에 주저앉아
언제 다 갚을까
소리도 못 내고 울었지요
흰 눈 위에 눈물이라도 떨어질까
소맷자락으로 감추었지요

눈송이

내리는 눈
한 송이
한 송이조차
제 자리에 내리지 않는 것 없다
했던가?

방 거사
이 사람아!

사람
사람이
눈송이다

불나방의 흔적

한계스런 밤이 더듬이를 달고 찾아왔습니다 나는 내게서 아직 깊어지지도 못했건만 불빛을 향해 사정없이 몸을 던져 부딪치는 이가 있습니다 엄중한 연의(緣衣) 가루가 날렸습니다 세상 사는 동안 온몸으로 진짜만 말했으면 좋겠습니다 나라고 주장하는 몹쓸 흔적은 점점 지워졌으면 좋겠습니다 이만큼 살았으면 그럴 때도 되었습니다

어떤 식생활

중이 고기를 먹으면
살생을 한 것도 아니건만
살생을 한 것과 같이 봐서
어떤 이가
눈총을 쏘고,
고기 먹은 중은
과녁이 됩니다.

왜 그런고 하니
고기 먹고
힘이 넘치면
수행을 하는 게 아니라
번뇌가 생기기 때문이라니,

그래서 중은 채식만 합니다.
돼지나물, 쇠나물, 닭나물, 바닷고기나물, 민물고기나
물......

누군가 육식을 하지 않는 중에게
먹는 것으로 번뇌롭게 하면
중은 원래부터 육식을 했노라고 가르칩니다.
콩나물고기, 시금치고기, 감자고기, 산나물고기, 들나물고기……

누군가 육식을 말하면
채식으로 대답하고
누군가 채식을 말하면
육식으로 대답합니다.

그 사람의 고정관념에 대한 번뇌가 사라질 때까지.

매화차

용지암 담 밑에 올해 첫 매화가 폈습니다
그 첫 꽃을 따다 차로 마십니다
첫 입술을 훔치듯이 뒤설레고
아련한 그리움에 가슴이 부풉니다

시방세계
진한 매화 살내음

아, 부처님 마음

뉘가 거기에 계셔

맑다는 건
흔적이 없는 것인가 봐요

햇살 마당에
입동(立冬) 바람이 돌고
마른 낙엽 실리자
어느 임, 못난 상념 속을
고요히 다녀가십니다

처마 끝 풍경이
떠러렁...
떠러렁...
함 없이 울리기에
부끄러운 마음 들어
목탁도 염불도 내려놓았습니다
향을 정대하며 기원이야 없었겠어요

이런 날은
사시(巳時)의 따사로운 섬돌에 잠시 앉았다
옷매무새를 단정히 하며
눈물 한 방울도 사치스러워
먼 산으로 고개 돌립니다

백지장 겨울 뜨락

생각을 비운
송장들이 앉아
선(禪)에 드는 시간

비우고
또 비우고

차오를 수 없는
무한 넓이를 두고
돌아보지 못합니다

채우는 일은
비우는 일과 다를 바 없는
구도(求道)인 것,

생각 생각을 채우는 일이
무량한 공력이어서
일즉일체다즉일(一卽一切多卽一)이거니와
일미진중함시방(一微塵中含十方)이거니와

채울 줄 몰라 넘치는
고작 그 깊이를 품고
비우고
또 비우는
백지장 겨울

그 뜨락을
서리 먹는 새가
깃을 치고 날아가나니……,

백중 차 공양

영단에 올릴 차를 우려내다
못 참던 차향
중이 먼저 자리 잡고
결과부좌로 훔친 아침입니다

재(齋)가 시작되자
가고 없는 줄 알았던 계절이
법당 안 가득 분분합니다

영가님들도 차향에 취하고
단 밑에 남겨진 이들은
추억 알레르기를 앓는 중입니다

가을의 첫발 내딛는 백중,
멀지 않은 마지막 길을
마음껏 가늠해 봐도
한(恨) 될 일은 없습니다

메리고라운드(Merry-go-round)

대숲의 울음소리는 또 한 생애를 돌았습니다 냉기류를 타고 가을로 깊이 들었습니다 반 생(生)이 홀쩍 돌아가 버린 자리, 나는 사람이 되어서도 아는 게 없습니다 나머지 생을 마저 돌면 속이 익으려나요 울음소리는 밤이 새도록 한 편의 자신을 되읽고 되읽었습니다 불현듯 아침이 왔지만 노고지리 굴뚝새 지빠귀도 단음이의(單音異意)입니다 버려도 아쉬울 리 없는 자신의 가벼움이 운용의 묘(妙)입니다

가을이 갈 때 닳고 닳은 본언(本言)을 간직한 이들은 행복하겠습니다 그곳에 가 닿지 못하는 이는 오래 방황해야 하겠습니다 황량한 벌판에서 허위와 생의 고통점(苦痛點)을 확인해야 합니다 허울 좋은 사람은 두고, 높아진 가을하늘에는 가착(假着)한 구름이 남쪽으로 물러납니다 삼백육십오 일의 회전목마는 잘도 돌아갑니다 우스운 일들이라고 부인(否認)한 것마저 돌아갑니다

석우네 개

중도 벼슬이 있고 급이 있어서 서산 노을빛이 벌거
니 서글퍼지는 추수 끝난 마을, 논두렁길을 터벅터
벅 걸으면 목이 시려오면서 벌써 돌아갈까 생각을
하지요. 늙어가는 마을 유일한 젊은이 석우네는 색
시와 아들 하나에 딸 둘을 낳고 외따로 육묘장을 꾸
리며 살고 그 앞 시멘트길 소로를 지나치려면 개가
짖는데 제 매인 곳에 한참을 닿기도 전에 개는 짖어
대는데 저는 개를 달랩니다

내는 아무 것도 안 가져간다
내는 니 안 때린다
내는 매인 니한테도 집에도 해코지 안 한다

작은 언덕배기 산비탈 아래 두엄더미도 김이 빠져버
린 어스럭 일찍은 동짓달 저녁, 개는 짖는 게 제 일
이라 발자국 소리 멀어져도 심심한 것처럼 짖고 나
는 그 개를 한참 뒤에 두고도 괜스레 혼잣말로 달랩
니다

내는 니 뭐라 안 한다
내는 니 뭐라 안 한다

중이 된 게 후회 없고, 마을 지붕 위를 뒤덮는 뜨물
같은 저녁 군불연기에 절집도 애착에서 멀어지는
데......,

저 논두렁이나 베고 누울까?

혼자 있는 밤

바람이 끊기고
함박으로 눈이나 오려는지
조근 조근 귀에 고요가 들며
아궁이가 정겨워지는 밤입니다

내 방에는 장롱도 없고 옷장도 두지 않았지요
각목과 합판으로 직접 짠 칸막이도 없는 삼층 단스에다가
횃대를 천정에 끈으로 매달아 옷을 겁니다
밥상 위에는 책이 열댓 권 쌓여 있고
컴퓨터가 문명의 가교 역할을 합니다
광케이블은 들어오지 않는 시골이라
인터넷이 전화선을 타고 들어옵니다

다행스러운 것은 내 방에 군불을 때면
엉덩이가 자글자글 뜨끈뜨끈해서
비닐 덧댄 넓창으로 한기가 스멀스멀 들어도
그저 머리만 시원합니다
요사채 퀭하니 넓은 거실은 공양간을 겸해서 바닥은 찬데
나무난로가 한 번씩 제 역할을 톡톡히 합니다

오늘은 양말과 옷가지 몇 개를 손빨래해서
방 횃대에 널었더니
입이 비뚤어지게 아무리 돌려 짰어도
빨랫물이 뚝뚝 방바닥과 깔아놓은 이불에 떨어지는 게
적막한 집안에 쥐새끼가 깨금발로 다니는 것 같습니다.
젖는 거야 가습기려니 하며
코가 바짝바짝 말라붙는 걸 밤새 방지해 줄 테니
이것도 마냥 나쁘지만은 않습니다

그런데, 몇 번이고 생각해도 이상한 건
나는 왜 외롭지가 않은 것인지요
적막감이 쓸쓸함을 데리고 와
찢어진 방문 한지를 흔들며
술렁술렁 이불을 들치고 들어
일찌감치 헤어진 사람이 어데쯤에서 울 것만 같은
그런 식어빠진 사랑얘기나 옛말이라도 할 것 같고
떨어지는 빨랫물처럼 괜스레 혼자서
서러움 뚝뚝 떨구도록
긴긴 밤을 내 옆구리에 붙여 지새울 것도 같은데
방은 쓸쓸하지 않은 고즈넉함만으로도 더욱 깊어져
나는 먼데서 어둠만 보고도 짖는
진순이 소리를 기다리는 것입니다

풀벌레 우는 밤

1

망망(茫茫)합니다 벌렁 드러누워도 다시 앉아도 끝
없이 어둠을 잘게 부수며 쳐들어오는 나의 망망함
에 덧붙는 소란입니다 산에서 뒷단에서 수풀에서
창을 뚫고 거실에서 온통 고요로 자지러지는 소리
들입니다

방향이 모이는 대해(大海)에서
닻을 끄는 가을 깊이
묻혀

2

백번을 읽어도 뜻이 와 닿지 않는 담장 안에 비가
내립니다 먹은 것 없이 소화불량입니다 속살이 다
젖도록 울어대는 녀석들은 얼마나 가을을 읽고 또
읽어 투철하려는 것일까요 밤과 고요, 그리고 비,
이 세 가지 이유 외에 겨울은 생각지도 않는 천성입
니다

3

할매와 상사화

조 씨네 할머니

겨울이 오면서 함께 찾아온 결핵으로
기침을 하던 조 씨네 할머니,
독한 약으로 인해
머리가 듬성듬성 빠지고 피부도 검게 변한 채
내 가슴께 오는 작은 키로
유모차에 매달리듯 밀며 오셨습니다
십 년 전 허리 디스크로 척추에 철심을 박아서
허리는 꼿꼿한 것 같지만 이제 다리가 당기고 아파서
허리 대신 다리가 반쯤 구부러졌습니다.
부처님 전 천 원 올리고, 신중단에 천 원 올리고,
칠성님 전 천 원을 올리시고는
서서 굽혀지지 않는 허리로 절은 차마 못 하시고
곱은 손을 거듭거듭 모으시고는
그칠 것 같지 않은 합장을 하십니다.

나이 오십이 다 되도록 장가 못 간 외아들
간질병을 고치기 위해 병원이란 병원은 다 찾아다녔고
용하다는 용한 점쟁이며 무당이며 안 다닌 곳 없었는데
이제는 부질없는 일이 되고 보니,
젊은 중을 앞에 두고 하시는 말씀이
마음잡고 편히 사는 게 최고라고 하십니다
하 세월 다 보내고 다시 속을 일 없다고 하십니다

요사채를 지을 때
아들이 소일거리 삼아 키우는 암소 한 마리
새끼를 낳고 젖을 떼자마자
팔십만 원에 팔아서는 외상 사료비 갚고
오십만 원을 봉투에 넣어 와서 내 손에 쥐어 주시던,
오늘은 그 거친 손을 마주 잡고서
처진 어깨를 안아드리니
한 많은 세월은 내가 감당할 영역을
애초부터 벗어나 있었습니다
바람에 실려 가는 가벼운 눈보라 속
조 씨네 할머니 멀어지는 신작로 바라보며
나라는 존재는 녹아지는 눈송이 하나일 뿐입니다

입수구리

할매 입술이 부르트고 갈라졌습니다
그간 잡숫는 것 부실하고
행사 치르느라 피곤하셨나 봅니다

할매를 불러 앉혀 놓고
입술에 연고를 발라 주었습니다

시님,
입수구리가 아파 죽겠다
지 살 아니라고 이리 아프게 바른다

입술을 쪽 내밀고
가만있어 봐요
움직이면 입 안에 들어간다
내 살 아니니까
나야 아픈 거 당연히 모르지만
자기가 다 치료할 것 같으면
의사가 왜 필요하노?

시님은 침놓을 때도
지 안 아프니까
막 쑤셔 넣더라, 뭐!

원래 자기가 자기 병을 고치기가 힘든 법이예요
지가 아프고 겁나서 치료를 잘 하기는 하간데?
아파도 참아요.

할매는 입술에 연고가 허옇게 발린 채
아파서 벌어지지 않는 입으로 웃으며
나무난로에서 군고구마를 꺼내 줍니다
냄새가 들쩍지근 구수합니다

바람과 햇볕 아래

대웅전 문종이 붙인지 이 년 만에
뼈대가 보이기 시작했습니다
바람과 햇볕에 종이가 삭은 것이지요
아무리 비싸고 질긴 한지를 붙여도 이 년이면 해집니다

이 년의 열 배가 이십 년이니
그래서 이 년의 스무 배를 한참 넘긴 세월에
젊다면 젊은 내 얼굴 가죽이 삭고
사십 배도 훌쩍 뛰어넘긴 할매는
살에 기름기 다 빠져서
살비듬 탓에 등짝이 자꾸 가렵고
손가락 끝이 갈라 터지고
마디마디 관절염입니다

새 몸 받으러 간다던 사람
이생에 다시 난들
바람과 햇볕 아래에서
그게 새 몸일 리 없습니다
엄마 뱃속에서 나자마자 우는 이유
또 속았음을 알아차린 게지요

그러구러 속으며 살면서
속는 것도 잊습니다.

말이 안 통해요

할매,
비 옵니다.

뭐시라구요?

비 온다구요!

그래서 어찌라구요
누버 자라!

할매랑 말이 안 통해요

밀가루 수제비 끓여 놨다
언능 앉으세요.

에이,
할 말이 없네.

철없는 중

새들도 남의 얘기에 귀 기울일 줄 압니다 동틀 녘
에는 산비둘기가 대숲에서 구구 울더니 해가 뜨자
종달새가 참나무 군락지에서 오랫동안 지저귀었습
니다 그동안 어찌 참았는지 뒤이어 까치가 전봇대
위에서 울고 점심을 먹고 나자 뒷단에서 굴뚝새가
쫑알대기 시작했습니다 나는 언제나 철이 들까요
할매 잔소리에 그만 불만 가득한 소리 하고 맙니다
속상할 일 하나 없는 숲처럼 뉘가 걸어갈 느긋한
포행길 열고 지친 마음 쉬어갈 자리 하나 비우지
못합니다

임종을 앞둔 선물

임종을 앞두고
수의를
젊은 중 옷으로 입혀 주고 싶었나 봅니다

사월 초파일과 동짓날
일 년에 두 번 절에 오는
건너마을 할머니께서
환갑 앞둔 며느리를 시켜
삼베를 보내왔습니다

열 필은 되어 보이니
수의 한 벌은 족히 될 성싶습니다

마른 졸가리 노구를 끌고 와서
법당 섬돌에 주저앉아
부처님 뵈러 오는 길이
천 리 만 리 멀다더니
저승이 한 치 앞이라더니

먹물보다 더 짙게
죽음의 예감이
삼베에 가깝게 드는 날
입 안에서 가칠가칠
염불이 헛돕니다

내캉 살아요

할매,
내 손을 잡고 말했었지요

시님, 내캉 살아요
우짜든지 내캉 살아요

할매,
이제 내가 말할게요
우짜든지 내캉 살아요

거실에 나무난로 불을 지폈으니
곱은 손 녹이며
같이 고구마도 감자도 구워 먹읍시다

할매,
그런데 왜 나는 저 황량한 언덕 너머
낙엽진 자작나무 숲으로
참나무, 소나무 숲으로
가슴 움켜쥐고 달아날까요

법당 뒤에는
사시사철 푸른 대나무가 드리웠어요
할매는 드려진 대나무를 매번 치라고 말하지만
나는 그 살 비비며 우는 소리가 좋아요
살 비비며 우는 소리가 좋아요

할매,
내 손 꼭 쥐고 말했었지요
내캉 살자고요
내캉, 우짜든지 내캉 살자고요

할매,
그래요, 정말 그래요
우리 함께 살아요
남들 갖는 미움 놓고
따뜻한 불 쬐며
함께 살아요
함께 살아요

할매와 상사화

마른장마 달래는
한차례 찔끔 비에
뒷단에는 꽃이 폈습니다

그래도,
우리 할매 고단했던 일생에
상사화는 목이 긴 꽃대로도
얼씬 못합니다

임 그리워 피는 맘도
뒷단에서 눈치껏
할매를 배웁니다

잎이 나면,
바람 같은 임의 미소
처마 밑 풍경 소리에 담겨
달빛이나 타고 밤을 넘겠습니다

법당 문을 닫으며

쪽진 산머리에 해가 내려서 할매는 꼬박꼬박 법당 문을 잠그러 나갑니다 부처 업어갈 일 없다는 말에도 방문 잠그던 평생 습관을 단청 빛바랜 법당 문고리에 옮겨 붙입니다 빗을 때마다 빠지는 머리카락을 돌돌 말아서 바늘꽂이 하듯 쉿대를 돌려 채우며 부처님도 업어 간다더니 때를 채워주던 목소리, 달가닥거리던 수채 소리도 없는 오늘 같은 날 기름 떨어진 호롱마냥 어둠 속에 앉았는데 서늘한 초승달이 석등에 불려와서는 문 걸어 잠그던 할매 안부를 묻습니다

자국 없는 걸음 따라 세월도 그림자를 얻었는가요

콩 밭

집 앞 콩밭에 사람들이 붙었습니다
주인아저씨는 콩대를 베고
아주머니는 콩대를 가지런히 보듬어 안고 와서는
한곳에 모읍니다
허리가 반쯤 구부러진 할머니는 손주 때옷 털듯이
추립니다

올망졸망 알찬 것도 걷고
마른 콩깍지만 붙은 것도 걷습니다
콩알 하나 떨어질까 조심스럽습니다

빈 콩밭에 찬바람 불면
새 이름이 생기겠습니다
봄이 올 때까지
파릇파릇
마늘밭이 되시겠습니다

그해 겨울

억장이 무너지면
산도 한동안 적막에 듭니다

멀리서
주둥이에 피 바른
사냥개들의 소리
산을 타고 개울 건너
차가운 문고리에
달그락거리며 붙었습니다

자유롭던 생명이
질... 질...
끌려간 그곳에
눈이 내리고
길은 지워졌습니다

우리는 두껍닫이 방문을 열고
망연히 버티고 서 있는
늙고 굽은
소나무 가지에 쌓인 눈의 무게를
가슴에 쓸어 담았습니다

진주댁

1

아침마다 마을은 안개에 잠겨
앞서 가는 순서를 몰라 한 지
몇 수수(數數) 해였나

처서 지나고 백로도 넘어
선선한 일기 따라 저녁 포행(布行) 중
마을 외딴집 진주댁 지날 때

하루 한 갑 담배 피며 소주도 즐기는
여든아홉 팔팔한 할배를 두고
여든넷 병든 할매 혼잣말이
부엌 창문 빛에 새어 나왔다

나 죽으면 천덕꾸러기 될 게라
영감 먼저 보내고 따라가야 할 텐데……

2.

진주댁은 한창 어둠을 뚫고
제비처럼 날렵하게 나는 중일게다
중환자실은 사하라 사막의 모래바람이 이는 중일게다

피곤이 몰려와 잠시 낮잠을 청했는데,
길바닥에 넘어져 얼굴을 갈고 뼈가 부러졌던 진주댁이
야윈 몸을 이끌고 암자에 들렀었다
휘청거리는 몸이 내 앞으로 쏟아졌다
퇴원 후 다시 중환자실에 실려 갔던
새털처럼 가벼운 몸을 안고
햇볕 드는 창가에 들어앉히자 꿈이 깼다

진주댁은 유럽에서 번식의 기간을 마친
큰뒷부리도요새의 기나긴 여정처럼
단 한 번도 땅에 발을 딛지 않고
아프리카로, 사하라 너머 아프리카로
날면서 졸다가, 퍼뜩 정신도 차렸다가
기류를 타고 겨울을 나러 가시는 중인가 보다

구십 먹은 할아버지가 아득하기만 한 복도 끝에서
긴 울음을 허공 중에 잡고 서성였다

우리 할매 조으르십니다

정오의 가을 햇살이
깨금발로 조심조심
창 넓은 거실에 들 때
우리 할매 앉은 채 조으르십니다

부처님 전 흰 쌀밥 공양 올리고
추석 차례까지 다 마친 후
설거지 끝낸 접시
뽀얀 행주로 물기 닦으시다
야윈 몸이 무거워서는
잠시 잠깐이나마
세상이 평안하시도록 조으르십니다

장장 팔십칠 년의 세월도
야윈 어깨에서
이제는 죄송스러울 테지요

순하디 순한 몸 말고

우리 할매

앉은 그 자리에서

가벼운 코골이로

조근조근

정겹게

세상, 이나마 평안하시도록

조으러주십니다

광장의 열반경

목마르다
목마르다
아난다
사랑하는 아난다여,

부르시다
부르시다
힘이 드시어
목이 마르시었다

팔십 노구
거듭된 혈변
쇠한 기력으로
목말라 부르시었다

쿠시나가라 향하는
여윈 사람의 고백 곁에서
나도 목이 타거늘
광장은 물대포!

목마르다
목마르다
오, 아난다
사랑하는 내 아난다여,

한 명의 붓다가 민중으로 나투시어
목마른 이곳
광장의 목소리!

봄까치꽃

그대의 오랜 약속으로
지난밤 잠 설친 값을
겨울비가 다 갚으려는 모양입니다

동안거 풀린 강원도 어느 산사
철을 넘으며 남은 목탁소리
무거운 습설(濕雪)에 거듭 목이 잠겼겠습니다

속세에서는 연통 닿지 않는 누군가를
멀리 부르며 애타기도 하겠습니다
지난해 태풍을 버틴 산속 옛집
겨울 인적은 피할 수 있었을망정
이 눈 피할 방법은 없었겠습니다

무작정 그대 환청에 젖거나
추억이 거듭 쌓이는 날처럼
한기 머금은 계절을 앞서
꽃 봄 기약만 할 뿐입니다

비의 마을 끝에서

세상에 젖을 것들은 다 젖었습니다
장례식장 위에
먹장구름이 한 발 앞서
기다리고 있었습니다

하늘은 모든 것들의 지름길로 통합니다
시간에 앞서 기다리는 것은 피할 수가 없는 법인지
생명이 탄생하는 순간부터 먼저 기다리고
전능한 신보다 앞서 반기는 필연입니다

애끓는 눈물보다 간절한
그 피할 수 없는 의식 앞에 도달할 때
우리는 알려 주지 않아도
모든 것들과 뜨겁게 포옹해야 합니다

폭우와 천둥과 번개를 뚫고 달려왔던
연약할 수밖에 없는 이들을 위로하며
지친 등을 토닥거려 줄 궁극인 죽음 앞에서
젖은 사람들은 씻긴 나뭇잎처럼
화해의 손을 흔들어야 합니다

발문(跋文)

하 세월 기다리던 그대

시인 만우 스님(김민형)

누워서 피는 꽃이 있었다지요
전지 쳐 버려진 배나무 가지에
밤새 봄비가 촉촉이 내려
이화(梨花)가 피었다지요

그 꽃
품고 누워
울다 울다
하 세월 기다리던
그대인 줄 또 몰랐습니다

- 「누워서 피는 꽃」 전문

간단한 일이 있다. 봄날 꽃이 피는 일이다. 벚꽃이 피고 개나리며 진달래가 핀다. 조금도 이상하지 않다. 눈이 쌓인 겨울에 그런 꽃이 화려하게 피어 있다면 이는 보통 문제가 아니다. 왜냐하면 꽃이 필 수 있는 조건이 아니기 때문이다. 간단한 문제가 아니다.

여기저기 울긋불긋 난만하게 피어 있는 꽃을 보다가 문득 시인은 다른 꽃에게로 시선이 간다. 누워서 피는 꽃이다. 정확히 말하자면

누워 있는 가지에서 핀 배꽃이다. 여기에서 다시 문제가 발생한다. 꽃이 처한 처지, 또는 그 꽃을 둘러싼 상황의 문제다.

인위적으로, 곧 나의 의지가 아니라 다른 의지에 의해 잘려 나간 꽃가지란 점이다. 물론 크게 본다면 가지치기를 당한 그 희생으로 인해 나무는 더 좋고 튼실한 열매를 맺겠지만, 시적 화자의 눈에는 다분히 비극적이다. 그냥 죽은 가지로 누워 있다면 비극까지 생각할 틈도 없겠지만, 꽃을 피웠으니 이제 시인의 비극적 시선을 벗어날 길이 없다. 그 가지는 이제 봄비가 내려도 꽃을 피울 수 없다. 당연하다.

우연히 그 가지가 마르지 않고 봄비를 만나 꽃을 피웠다.

비극성은 '단 한 번'이라는 것에서 비롯된다. 내년에도 그 가지가 여전히 꽃을 피울 수 있다면 비극이든 희극이든 개입할 여지가 없다. 왜냐하면 그게 '꽃'이란 존재의 당연한 양상이니까. 아름드리 나무에 찬찬하게 핀 꽃 역시 당연한 일이다. 그러나 시인은 그런 당연한(當然 ; 마땅히 그러한) 일에는 관심이 적다. 왜냐하면 당연하니까. 물론 당연한 것은 아름답다. 아름다워서 당연하고 그것이 이 세상을 장식한다. 꽃으로, 잎으로, 열매로 각자 자기의 위치에서 자신의 역할을 한다.

그렇다면 이제 적극적으로 명상해 보자. 이 시에서 화자는 무엇에 꽂혀 있는가? 물론 누워서 피는 꽃이다. 이미 생명의 자리가 잘려 나간 한 존재 - 그러나 생명이 지속되거나 지속되는 것을 지독하게 증명하는 '목 잘린 존재' - 이다. 하늘을 향해 생명을 나부끼고 있는 것이 아니라 뿌리로부터 잘려 나간 쓸모없는 한 나뭇가지이다. 이 꽃은 과연 생명의 축제일까? 아니면 죽음의 축제일까?

꽃가지는 자신의 죽음을 자기의 생명으로 장엄한다.

그러면서 시인은 말한다. 그 꽃을 품고 울고 또 울었는데, 그게 바로 내가 그토록 애타게 기다리던 '그대'였노라고!

〈누워서 피는 꽃〉의 비극성에 대해 다시 한번 생각해 보자. 아까 단 한 번뿐이라는 처지 때문에 비극성이 더 두드러진다고 했는데, 그러나 가만히 생각해 보면 이 세상의 모든 존재는 찰나에 생멸(生滅 : 나고 죽는)하는 존재일 뿐이다. 아름드리 꽃나무가 아무리 장하게 보일지라도, 그리고 그 나무가 해마다 꽃을 피울지라도 그 역시 이 찰나의 존재양상을 벗어날 수는 없다. 인생 또한 마찬가지다.

흐르는 물에 두 번 발을 씻을 수 없듯이 같은 나뭇가지에서 같은 꽃이 두 번 세 번 반복해서 필 수는 없다. 당연한 일이다. 다만 여러 조건들과의 비교에 의해서, 즉 저 꽃은 훌륭한 조건에서 마음껏 생명력을 발산하고 있는데, 유독 이 꽃만 죽어 가며 피고 있구나 하는 인식 속에서 생겨난다.

그렇다면 비극성은 비교의 산물이지 그 사물의 절대적인 존재양상이 되지 못한다. 또는 오히려 그렇기 때문에 모든 꽃은 비극성을 띨 수밖에 없다. 그렇다면 '그대'는 누구일까? 어떤 존재이기에 그토록 울며불며 기다리고 있어야 할까?

이 시집을 읽다 보면 그 사랑하는 대상이 이 세상의 모든 존재양상들이란 걸 쉽게 확인할 수 있다. 다만 그들은 약하고, 늙고, 여리며, 외롭게 이 세상을 장식하는 존재들이다. 여인, 꽃, 노인, 아이 하다못해 영가나 귀신까지.... 다시 말해 〈누워서 피는 꽃〉들이다.

으스대며 자기 자신을 뽐내며 주위를 폭압적으로 장악하고 있는 게 아니라 구석에서 바닥에서 처연하게 자신의 생명력을 길어 올리는 그런 꽃들이다. '처연하게'라는 표현을 썼지만 그것은 나의 주관적 감상이지 그대의 올바른 모습이 아니다. 오히려 그는 그 자리에서 당당하며 최선이다.

🪷 도반의 詩 004

누워서 피는 꽃

1판 1쇄 발행   2014년 4월 26일

지은이　　　도정 스님

펴낸곳　　　도서출판 도반
펴낸이　　　이상미
편집　　　　김광호
대표전화　　031-465-1285
이메일　　　doban0327@naver.com
주 소　　　경기도 안양시 만안구 안양로 332번길 32

ISBN　　　978-89-97270-16-3